Celebraciones en mi mundo

Día de Acción de Gracias

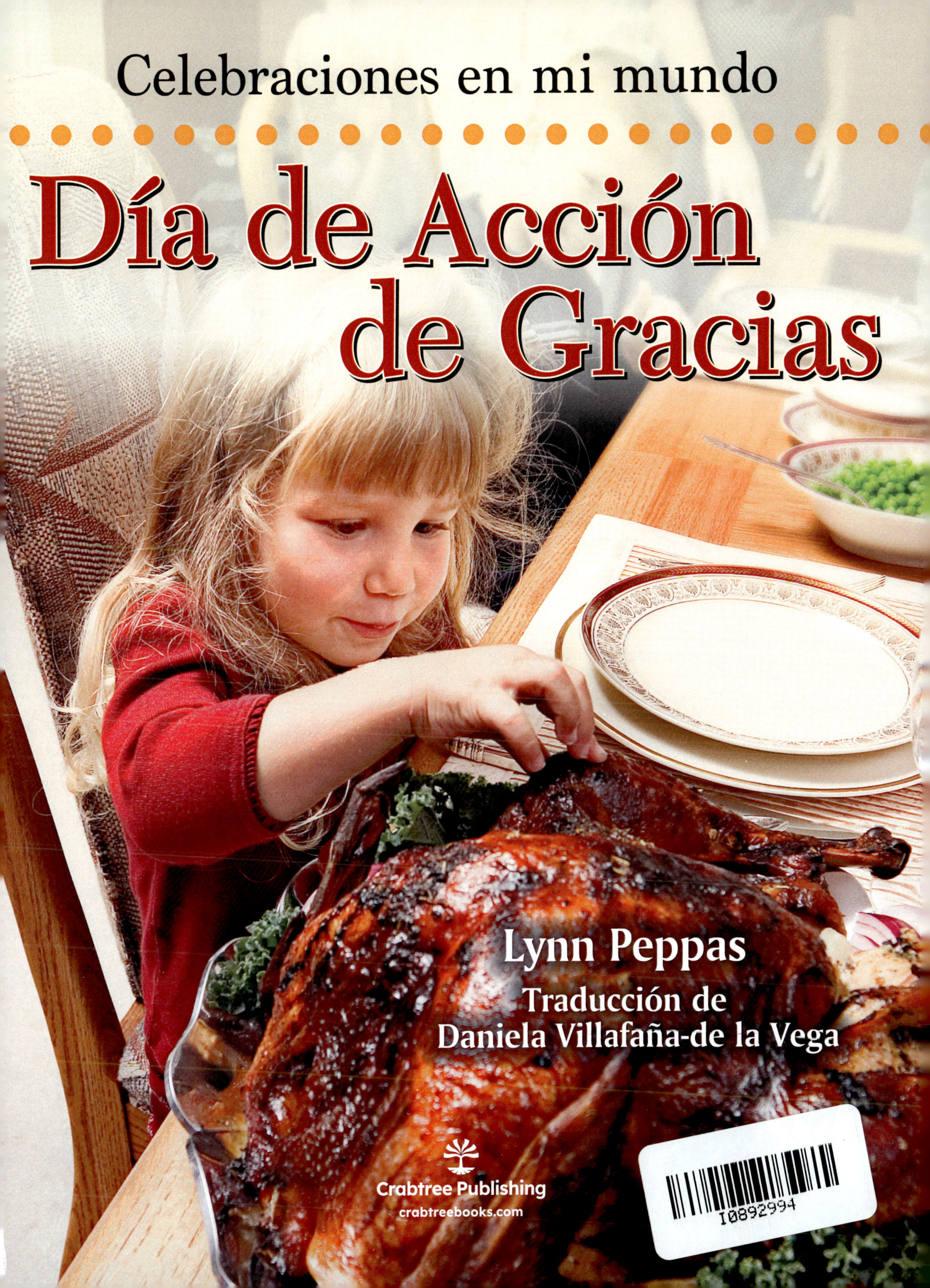

Lynn Peppas

Traducción de
Daniela Villafaña-de la Vega

Crabtree Publishing
crabtreebooks.com

Crabtree Publishing

crabtreebooks.com 800-387-7650

In Canada: We acknowledge the financial support of the Government of Canada through the Canada Book Fund for our publishing activities.

Author: Lynn Peppas
Coordinating editor: Chester Fisher
Series and project editor: Penny Dowdy
Editor: Adrianna Morganelli
Proofreader: Crystal Sikkens
Translation to Spanish: Daniela Villafaña-de la Vega
Spanish-language Copyediting and Proofreading: Base Tres
Project editor: Robert Walker
Production manager: Candice Campbell
Prepress technician: Katherine Kantor
Project manager: Kumar Kunal (Q2AMEDIA)
Art direction: Dibakar Acharjee (Q2AMEDIA)
Cover design: Tarang Saggar (Q2AMEDIA)
Design: Ritu Chopra (Q2AMEDIA)
Photo research: Farheen Aadil (Q2AMEDIA)

Published in Canada
Crabtree Publishing
616 Welland Avenue
St. Catharines, Ontario
L2M 5V6

Published in the United States Crabtree Publishing
347 Fifth Avenue
Suite 1402-145
New York, NY 10016

Photographs:
123rf: Talyaona: p. 10; Cathy Yeulet: p. 17
Alamy: Michael Grant: p. 8; John Terence Turner: p. 18; Visions Of America, LLC: p. 23; Jim West: p. 28
BigStockPhoto: Gina Smith: p. 6
The Bridgeman Art Library: Dreweatt Neate Fine Art Auctioneers, Newbury, Berks, UK: p. 9
Corbis: Bettmann: p. 7, 11-12, 19; Jose Luis Pelaez, Inc.: p. 27; Ariel Skelley: p. 1, 24; Larry Williams: p. 26
Corbis Sygma: Ciniglio Lorenzo: p. 22
Dreamstime: Lucretia: p. 4
Getty Images: Archive Photos/Stringer: p. 13; Harry How/Staff: p. 31; A. Messerschmidt/Staff: p. 25; Alex Wong/Staff: p. 15
iStockphoto.com: front cover
Jupiter Images: p. 30; Comstock Images: p. 29
PhotoDisc, Market Fresh: folio glyph
Shutterstock: Avava: p. 16; Joy Brown: p. 14; Jan Bruder: p. 21; Tatiana Grozetskaya: p. 5; Laura Stone: p. 20

Paperback 978-1-0396-4428-1
Ebook (pdf) 978-1-0396-4388-8

Printed in the U.S.A./CP082026

Índice

¿Qué es el Día de Acción de Gracias?

El Día de Acción de Gracias es una fiesta de la **cosecha**. En este día, los estadounidenses y canadienses agradecen por los alimentos y las **bendiciones** que han recibido. El Día de Acción de Gracias se celebra en otoño. Durante el otoño, los agricultores cosechan, o recolectan, sus cultivos.

• Estos agricultores están cosechando sus cultivos en otoño.

¡SABÍAS QUE...?

En Estados Unidos, el día después del de Acción de Gracias es uno de los días del año en los que las personas compran más, porque empiezan a hacer planes para Navidad.

Los agricultores cultivan suficientes alimentos para los meses fríos del invierno. El Día de Acción de Gracias es una ocasión para agradecer por las buenas cosechas.

El Día de Acción de Gracias siempre se celebra en otoño, cuando las hojas cambian de color.

Una fiesta nacional

El Día de Acción de Gracias es una fiesta **nacional**. Para muchos, es un día de descanso. Bancos, oficinas postales, escuelas y muchos negocios, cierran ese día.

En Estados Unidos, el presidente George Washington proclamó el jueves 26 de noviembre de 1789 como fiesta de Acción de Gracias. No se celebró al año siguiente.

Los negocios cierran el Día de Acción de Gracias para que las familias puedan pasar tiempo juntas.

¿SABÍAS QUE...?

*El presidente Abraham Lincoln declaró el Día de Acción de Gracias una fiesta nacional para unir a los estadounidenses durante la **guerra civil**.*

En 1939, el presidente Roosevelt hizo que el Día de Acción de Gracias se celebrara, oficialmente, el cuarto jueves de noviembre.

En 1863, el presidente Abraham Lincoln declaró que el Día de Acción de Gracias sería una fiesta **anual**. Las personas celebrarían el Día de Acción de Gracias el último jueves de noviembre. En 1939, el presidente Franklin D. Roosevelt lo cambió al cuarto jueves de noviembre.

Celebraciones del pasado

La gente agradecía por las buenas cosechas mucho antes de que existiera el Día de Acción de Gracias norteamericano. Hace miles de años, se creía que los dioses controlaban las estaciones. Para dar gracias a las deidades, las personas organizaban fiestas especiales por la cosecha.

- Los antiguos griegos creían que la diosa Deméter era quien controlaba los cultivos.

¿SABÍAS QUE...?

En la antigua Grecia, las personas organizaban festivales cada año para honrar a la diosa de los cultivos, Deméter.

Hace cientos de años, las personas organizaban un festival de la cosecha llamado Fiesta de San Miguel. Preparaban un banquete para celebrar. Esta **tradición** de celebrar las cosechas con un banquete se conserva hasta la fecha. En América del Norte la llamamos Día de Acción de Gracias.

La Fiesta de San Miguel era un festival de la cosecha que se celebró mucho antes que el Día de Acción de Gracias.

Los Peregrinos

En 1620, casi 100 **Peregrinos** abandonaron Inglaterra y fundaron la **colonia** de Plymouth en Nueva Inglaterra. Algunos emprendieron el viaje porque el rey no les permitía practicar su religión como ellos querían.

Los Peregrinos encontraron un paraje frío, sin caminos o ciudades.

¿SABÍAS QUE...?

Los Peregrinos no tuvieron ni refugio ni comida durante su primer invierno. Muchos se enfermaron y más de la mitad falleció.

Los líderes en Inglaterra obligaron a algunos a huir. Zarparon en un barco llamado *Mayflower*. Los Peregrinos desembarcaron en Plymouth, Massachusetts, en diciembre de 1620.

Los Peregrinos viajaron durante meses a bordo de un barco llamado *Mayflower*.

El primer Día de Acción de Gracias

Los Peregrinos tendrían que cultivar plantas en la primavera de 1621. Estos cultivos alimentarían a sus familias en la nueva colonia. Unos indígenas de Estados Unidos, llamados Wampanoag, habitaban esta región desde antes de que los Peregrinos llegaran.

En 1621, los Peregrinos agradecieron a Dios por la cosecha con un banquete.

¿SABÍAS QUE...?

Los Peregrinos y 90 indígenas compartieron el primer banquete de Acción de Gracias.

Los indígenas indicaron a los Peregrinos cuáles cultivos debían sembrar.

Los Wampanoag enseñaron a los Peregrinos qué cultivos sembrar. Los Peregrinos querían dar las gracias por la cosecha. Por eso invitaron a los indígenas al banquete.

¡Pavos!

Es posible que los Peregrinos se deleitaran con un pavo salvaje en el primer Día de Acción de Gracias. Nadie lo sabe con certeza. Hoy en día, es muy común comer pavo durante esta celebración. Muchas personas en Estados Unidos le dicen «Día del Pavo» al Día de Acción de Gracias.

Los pavos son criados en granjas por agricultores. A un grupo grande de pavos se le llama averío.

¿SABÍAS QUE...?

En Estados Unidos, más de 46 millones de pavos son criados por agricultores para las cenas de Acción de Gracias.

El presidente Abraham Lincoln fue el primer presidente estadounidense en otorgar el **perdón** a un pavo el Día de Acción de Gracias. Este perdón significaba que el pavo no sería cocinado para la cena de Acción de Gracias del presidente. El perdón del presidente se convirtió en una tradición anual en 1947.

El presidente George W. Bush perdonó a este pavo.

La cena del Día de Acción de Gracias

Las personas celebran el Día de Acción de Gracias compartiendo una gran cena. Las cenas tradicionales de Acción de Gracias incluyen un pavo servido con salsa de arándanos y batatas. La mayoría de las familias disfrutan de una tarta de calabaza de postre.

- Preparar un banquete es una tradición del Día de Acción de Gracias.

¿SABÍAS QUE...?

La mayoría de los cocineros colocan pan, arroz o nueces dentro del pavo. Algunas personas le llaman «relleno». Otras le dicen «aderezo».

Hoy en día, las cenas de Acción de Gracias incluyen los mismos alimentos que los Peregrinos sirvieron en su banquete. Los indígenas de Estados Unidos enseñaron a los Peregrinos a cultivar maíz, frijoles y calabazas. Estos alimentos ayudaron a los Peregrinos a sobrevivir. ¡Todavía los disfrutamos!

Familiares y amigos se reúnen para la cena tradicional con pavo de Acción de Gracias.

Canciones del Día de Acción de Gracias

El Día de Acción de Gracias, las personas disfrutan cantando canciones tradicionales e **himnos**. Un himno popular es *Come, Ye Thankful People, Come* (Vengan, personas agradecidas, vengan). Fue escrita hace casi 200 años.

A las personas les gusta cantar canciones e himnos de Acción de Gracias.

¿SABÍAS QUE...?

Lydia Maria Child nació en Massachusetts en 1802. Algunos de sus escritos hablan del trato injusto hacia los indígenas de Estados Unidos.

Lydia Maria Child escribió sobre el viaje que realizó a casa de sus abuelos para la cena de Acción de Gracias.

La estadounidense Lydia Maria Child compuso su famosa canción de Acción de Gracias *Sobre el río y a través del bosque* en 1844. En la canción comparte sus recuerdos del viaje que realizó a la casa de sus abuelos para la cena de Acción de Gracias.

Símbolos del Día de Acción de Gracias

La cornucopia es un **símbolo** popular del Día de Acción de Gracias. También se le conoce como «cuerno de la abundancia». Es un cuerno, o una canasta con la forma de un cuerno, con muchos alimentos.

Una cornucopia tiene la forma de un cuerno. También es llamada «cuerno de la abundancia».

¿SABÍAS QUE...?

El maíz de los indígenas, o maíz criollo, es un cereal colorido que se utiliza con frecuencia como decoración del Día de Acción de Gracias.

El Día de Acción de Gracias, la gente usa calabazas y maíz para decorar. Recuerda que los indígenas de Estados Unidos enseñaron a los Peregrinos a cultivar estos alimentos.

El maíz criollo es una decoración popular del Día de Acción de Gracias.

Desfiles del Día de Acción de Gracias

El Día de Acción de Gracias, muchas ciudades organizan desfiles. En ellos participan carrozas, payasos, bandas de marcha e incluso Santa Claus.

Algunas personas pasean en las carrozas del Desfile del Día de Acción de Gracias.

¿SABÍAS QUE...?

La tienda departamental estadounidense Macy's inició la tradición de incluir globos enormes de helio con la forma de dibujos animados en sus desfiles.

¡Algunos globos del desfile del Día de Acción de Gracias de Macy's miden más de 60 pies (18 metros) de altura!

El Desfile del Día de Acción de Gracias de Macy's se celebra en Nueva York. En la mañana del Día de Acción de Gracias, miles de personas salen a las calles para ver el desfile. Millones más lo ven en la televisión.

Deportes del Día de Acción de Gracias

El Día de Acción de Gracias, las familias suelen jugar o ver deportes en la televisión. El fútbol americano es el deporte más popular de la festividad.

Familiares y amigos se reúnen el Día de Acción de Gracias para jugar fútbol americano.

¿SABÍAS QUE...?

En 1934, los Leones de Detroit iniciaron la tradición de la NFL de jugar fútbol americano el Día de Acción de Gracias.

El fútbol americano inició en el siglo XIX. Muchos equipos de fútbol americano continúan jugando el Día de Acción de Gracias. Al partido de la Liga Nacional de Fútbol Americano (NFL, por sus siglas en inglés) se le conoce como el Clásico del Día de Acción de Gracias.

Cada año, el Día de Acción de Gracias, la NFL organiza el partido conocido como Clásico del Día de Acción de Gracias.

Dar gracias

Reunirse para ver desfiles y deportes es divertido. Cenar pavo es delicioso. Sin embargo, el verdadero significado de la festividad es dar gracias por las cosas buenas que nos han sucedido.

Esta familia da gracias antes de cenar.

¿SABÍAS QUE...?

Algunas familias hacen una oración especial antes de la tradicional cena con pavo. Dan las gracias por todas las bendiciones recibidas.

Las personas dan las gracias por tener comida en abundancia y buena salud. Otras se sienten agradecidas por poder pasar tiempo con sus seres queridos. En algunas familias, cada integrante menciona aquello por lo que está agradecido.

A los niños les gusta hacer manualidades de Acción de Gracias.

Ayudar a los demás

Algunas personas ayudan a los pobres e indigentes el Día de Acción de Gracias. Algunas **donan** comida o dinero a los más necesitados. Otros invierten su tiempo como **voluntarios** en organizaciones de beneficencia.

Los comedores comunitarios preparan cenas de Acción de Gracias para las personas que carecen de comida.

¿SABÍAS QUE...?

*Una **colecta de alimentos** es una recolección organizada de comida. Después de ser recolectada, la comida es transportada a un banco de alimentos, donde es clasificada y repartida entre la gente de escasos recursos.*

Algunas personas ayudan a cocinar y servir cenas con pavo en comedores comunitarios de su localidad. También ayudan con la limpieza al terminar.

El Día de Acción de Gracias es una ocasión para convivir con los demás. Muchos visitan a sus familiares o amigos que no pueden viajar para estar con ellos.

El Día de Acción de Gracias es un buen momento para reunirte con tus seres queridos.

El Día de Acción de Gracias en Canadá

El Día de Acción de Gracias en Canadá se hizo popular en el siglo XIX. El Día de Acción de Gracias no fue una fiesta nacional canadiense hasta 1957.

Los canadienses celebran el Día de Acción de Gracias en octubre.

¿SABÍAS QUE...?

En Canadá, la temporada de cosecha sucede antes que en Estados Unidos.

Las celebraciones del Día de Acción de Gracias en Canadá son similares a las de E.U.A. Las personas se reúnen para compartir la comida y para dar gracias por las cosechas. Al igual que sus vecinos, la Liga de Fútbol Canadiense (CFL, por sus siglas en inglés) organiza un Clásico del Día de Acción de Gracias.

- En Canadá, el fútbol americano también es una parte importante de los festejos del Día de Acción de Gracias.

Glosario

anual: Que ocurre cada año en la misma fecha.

bendiciones: Cosas buenas en la vida de una persona.

colecta de alimentos: Artículos de comida que son recolectados por un grupo de personas para dar a los más necesitados.

colonia: Una región en la que viven las personas en un nuevo país.

cosecha: La temporada en la que los agricultores recolectan sus cultivos.

donan: Que dan algo a alguien que lo necesita.

guerra civil: Una guerra entre personas que viven en el mismo país.

himnos: Canciones religiosas.

nacional: Que pertenece a un país o nación.

perdón: Otorgarle la libertad a una persona o animal.

Peregrinos: Colonizadores ingleses que fundaron la colonia de Plymouth.

símbolo: Un objeto que toma el lugar de algo más.

tradición: Una costumbre que se transmite de una generación a otra.

voluntarios: Personas que trabajan sin recibir un sueldo.

Índice analítico